# ON NE S'AVISE JAMAIS DE TOUT,

## *OPERA COMIQUE*
### EN UN ACTE EN PROSE,

Mêlé de morceaux de Musique;

Représenté sur le Théâtre de la Foire S. Laurent, le Lundi 14 Septembre 1761.

### Par M. SEDAINE.

La Musique de M. de M***

---

Le prix est de 24 sols avec les Ariettes & Vaudevilles gravés à la fin.

---

## A PARIS,

Chez CLAUDE HERISSANT, Imprimeur-Libraire, Rue neuve Notre-Dame, aux trois Vertus.

---

## M. DCC. LXI.

AVEC APPROBATION ET PERMISSION.

# AVIS.

**THÉATRE de l'Opéra-Comique, de l'année 1761.**

### De M. SEDAINE.

Le Jardinier & son Seigneur, Opéra-Comique en un Acte & en prose, mêlé de morceaux de Musique, représenté sur le Théâtre de la Foire Saint-Germain, le 18 Février 1761. La Musique des Ariettes s'y trouve imprimée. . . 1 l. 4 f.

L'Huitre & les Plaideurs, ou le Tribunal de la Chicane, Opéra-Comique en un Acte, mêlé de morceaux de Musique & de Vaudevilles, représenté sur le Théâtre de la Foire Saint-Laurent en 1759 & 1761. La Musique des Ariettes & du Vaudeville s'y trouve gravée. . . . . . . 18 f.

Les Ariettes gravées. . . . . 12 f.

On ne s'avise jamais de tout, Opéra-Comique, en un Acte, mêlé de morceaux de Musique, représenté sur le Théâtre de la Foire Saint-Laurent le 14 Septembre 1761. La Musique des Ariettes & Vaudevilles s'y trouve gravée. 1 l. 4 f.

### De M. QUETANT.

Le Maréchal ferrant, Opéra-Comique en un Acte & en prose, mêlé de morceaux de Musique représenté sur le Théâtre de la Foire Saint-Laurent, le 22 Août 1761. La Musique des Ariettes & des Vaudevilles s'y trouve imprimée. 1. l. 4 f.

### De M. TACONNET.

Le Bouquet de Louison, ou la Sérénade de Village, Opéra-Comique, en un Acte & en prose, mêlé de morceaux de Musique, représenté sur le Théâtre de la Foire Saint-Laurent, le 25 Août 1761. La Musique des Ariettes & des Vaudevilles s'y trouve gravée. . . . . 1 l. 4 f.

---

Le Chansonnier François, ou Recueil de Chansons, Ariettes, Vaudevilles & autres Couplets choisis avec les Airs notés à la fin de chaque Recueil, dixiéme Volume, paroîtra à la fin du mois de Septembre prochain.

Cet Ouvrage (in-douze.) a commencé en 1760; il en paroît six Volumes par année, de deux mois en deux mois.

Le prix est de 40 sols broché.

## PERSONNAGES.

M. TUE, Médecin, Tuteur & Amoureux de Lise.   M. La Ruette.

LISE, Amante de Dorval.   Mlle Neſſel.

DORVAL, Amant de Lise.   M. Clairval.

MARGARITA, Duegne.   Mlle Deſchamps.

UN COMMISSAIRE.   M. Audinot.

UN PORTE-FAIX.   M. Parent.

UN AVEUGLE.   M. Guiſac.

*La Scene eſt à Paris dans une rue.*

# ON NE S'AVISE JAMAIS DE TOUT,
## *OPERA COMIQUE.*

### SCENE PREMIERE.

*Le Théâtre représente une Place publique, une Rue, une petite Maison à droite du Théâtre, plus avancée que les autres ; au-dessus de la porte de la Maison qui ouvrira en dehors, il y aura une petite Fenêtre.*

(*Dorval sort d'un air inquiet, il a son épée & son chapeau, comme s'il alloit les mettre. Il rentre dans la maison, & les donne à quelqu'un.*)

#### DORVAL *seul.*

JE vais, je viens, & ils ne sortent point, & ils ne sortent point ! Ils ne peuvent pas tarder. Que de ruses j'ai employées, que de déguisemens ! Ils ne sortent point, & ne pouvoir encore me fier qu'à moi-même : & ils ne sortent point ! Ah ciel !

# ON NE S'AVISE JAMAIS DE TOUT,

### ARIETTE.

Dieu des Amours,
Si tu dois ton secours
A l'Amant le plus tendre
De ceux qu'enflamment tes ardeurs,
De ceux dont tu soumets les cœurs,
De ceux qui vivent sous ta loix,
   Qui plus que moi
   Doit y prétendre ?

M'est-il possible de ne pas aimer
   L'objet qui sçait m'enflammer ?
   Sagesse & beauté,
   Esprit & bonté
  Se trouvent ensemble ;
  Lise les rassemble.

  Dieu des Amours, &c.

---

## SCENE II.

### M. TUE, MARGARITA, DORVAL.

#### DORVAL.

AH ! voici nos persécuteurs. Quoi ! Lise n'est pas avec eux ? Ah ! si quelque accident..... Si je me croyois..... Non.....

## SCENE III.

**M. TUE, MARGARITA,** *mise en Duegne avec un trousseau de clefs: il faut que son tablier ait des poches pour y mettre un Livre.*

#### M. TUE.

L'Avez-vous enfermée dans la chambre sur le derriere?

#### MARGARITA.
Oui.

#### M. TUE.
Où est la clef?

#### MARGARITA.
La voilà.

#### M. TUE.
Avez-vous fermé l'antichambre?

#### MARGARITA.
Oui.

#### M. TUE.
La clef?

#### MARGARITA.
La voilà, & voici aussi celle du bas de l'escalier.

#### M. TUE.
Je parie que vous n'avez pas fermé les contrevens.

#### MARGARITA.
C'est par où j'ai commencé.

A iv

**ON NE S'AVISE JAMAIS DE TOUT,**

M. TUE.

Et les doubles chassis?

MARGARITA.

Oui.

M. TUE.

Si je pouvois la garder moi-même! mais mon maudit état de Médecin.....

ARIETTE.

Un Marchand
Dans sa boutique,
Attend
Le chaland,
La pratique:
Il tient là, là, là,
Et sa femme & son or,
Ses billets, son coffre fort,
Tout est là, là, là:
Qui le trompera ?
Tout est sous ses yeux,
Tout est pour le mieux.
Mais un Médecin sçavant,
Allant,
Venant,
Trotant,
Courant,
Vit chez autrui,
Jamais chez lui;
C'est une mort:
Encor
Un Marchand, &c.

## SCENE IV.

**M. TUE, MARGARITA, DORVAL,**
*en domeſtique & bégayant.*

### MARGARITA.

Tenez, voilà ce domeſtique d'hier au ſoir.

**M. TUE.**

Que veux-tu, mon garçon?

**DORVAL.**

Mon... mon... mon... Monſieur, ve... ve... venez donc, donc vîte, ma... ma... ma.

**M. TUE.**

J'y vais, j'y vais; je ne ſors que pour cela : tu lui diras que.... Bon, il eſt déjà bien loin, ce garçon-là ; il fait bien de marcher plus vîte qu'il ne parle.

## SCENE V.

**M. TUE, MARGARITA.**

### M. TUE.

AH! ſitôt mon mariage fait, je compte bien de quitter la Médecine ; je ne vivrois pas.

**MARGARITA.**

Vous vouliez me dire quelque choſe.

**M. TUE.**

Ah! n'écoute-t-on pas? Non; oh ça! Margarita,

je vous ai prise pour garder ma pupille qui va être ma femme.

MARGARITA.

C'est ce que je disois.

M. TUE.

Et c'est ce qu'il ne faut pas dire; je ne veux pas qu'on croye que je l'épouse parce qu'elle est riche.

MARGARITA.

Monsieur, je vous assure.

M. TUE.

Paix: je serai, je crois, content de vous. Le Signor Zelotini....

MARGARITA.

Il doit vous avoir témoigné de moi....

M. TUE.

Oui, oui; il dit cependant que vous aimez l'argent.

MARGARITA.

Je l'aime comme on doit l'aimer.

M. TUE.

Il dit aussi que vous êtes un peu musarde, que vous vous arrêtez à toutes les portes : ce sont ses termes.

MARGARITA.

Moi, Monsieur!

M. TUE.

Il dit de plus que vous avez fait mourir sa premiere femme de chagrin; mais cela ne fait rien, pourvu que vous soyez exacte.

MARGARITA.

Je vous assure, Monsieur.

M TUE.

Ne m'interrompez pas, j'ai mille choses dans

## OPÉRA COMIQUE.

la tête à vous dire, & cela me brouille. Ah!...
Life n'a-t-elle parlé à personne dans le coche?

#### MARGARITA.

Si ; à un jeune homme.

#### M. TUE.

Tant pis : comment, comment, un jeune homme?

#### MARGARITA.

C'est le frere d'une Pensionnaire du même Couvent; Il nous a quittées à cinq lieues d'ici, & il ne lui a seulement pas dit adieu.

#### M. TUE.

Pas dit adieu! cela ne prouveroit rien; enfin je ne veux plus qu'elle parle à personne.

#### MARGARITA.

Mais à moi.

#### M. TUE.

Ah! à vous, à moi, à nous. Ensuite je veux....
Eh bien! ne voilà-t-il pas que vous regardez ailleurs, au lieu de m'écouter?

#### MARGARITA.

Moi, point du tout.

#### M. TUE.

Ecoutez bien.

#### MARGARITA.

Oui, Monsieur.

#### M. TUE.

Je veux, faites attention, que lorsqu'elle sortira, & elle ne sortira que les Dimanches & Fêtes, ainsi qu'aujourd'hui; je veux qu'elle aille toujours devant elle, jamais de côté, le voile baissé, les mains sous son mantelet ou dans ses poches. Quand elle les aura là, elle ne les aura pas ailleurs.

Quand une main donne une lettre, c'eſt une main qui la reçoit.

### MARGARITA.

C'eſt vrai.

### M. TUE.

Je veux, prenez-y bien garde ; je veux qu'elle ſoit toujours devant vous, à votre main droite, à la diſtance de votre bras ; afin que vous puiſſiez l'arrêter, ſi elle va trop vîte. Ne vous laiſſez jamais couper par un caroſſe, quand il en paſſe un : faites-lui tourner le viſage vers la muraille ; elle n'a que faire d'eſpionner ce qui ſe paſſe dans les caroſſes.

### MARGARITA.

Oui, Monſieur : eſt-ce tout ?

### M. TUE.

Tout ? Vous n'y êtes pas. Tenez, voici un Livre que j'ai acheté à Florence, à la ſucceſſion d'un Portugais : c'eſt un Livre qui... ah ! un Livre d'or.

### MARGARITA.

Eſt-ce pour elle ?

### M. TUE.

Non, c'eſt pour vous.

### MARGARITA.

Pour moi ?

### M. TUE.

Oui, pour vous ; je veux que vous le liſiez, & que vous vous inſtruiſiez comment il faut garder une fille. Liſez, liſez.

### MARGARITA.

Je ſçais, Monſieur, tout ce qu'il faut ſçavoir pour....

## OPÉRA COMIQUE.

#### M. TUE.
Lisez, lisez, je n'ai pas mes lunettes.

#### MARGARITA *tirant ses lunettes,*
Donnez, voyons donc ce beau Livre.

#### M. TUE.
Ne sont-ce pas là mes lunettes ?

#### MARGARITA.
Vous avez laissé les vôtres sur la chaise auprès de Lise.

#### M. TUE.
Lisez donc.

#### MARGARITA.
Com... *Compendium Cythereum.* Qu'est-ce que cela veut dire ?

#### M. TUE.
C'est comme qui diroit... Au reste le titre n'y fait rien. Passez l'Introduction, la Préface; l'Avis au Lecteur.... là, là.

#### MARGARITA.
Chapitre premier. Des boissons, potions, lotions, & alimens propres : alimens propres ?

#### M. TUE.
Oui, alimens propres ; allez toujours.

#### MARGARITA.
Et alimens propres à substanter la vertu, & à corroborer la sagesse : la sage nature ayant produit des herbes qui...

#### M. TUE.
Ensuite, ensuite : lisez les titres seulement.

#### MARGARITA.
Chapitre deux. Des haha... Des haha!..

#### M. TUE.
Oui, des haha.

### MARGARITA.

Comme coëffes, coeluchons, mantelets, corps, pieces de corps, corcets, mouchoirs, doubles mouchoirs, triples mouchoirs.

### M. TUE.

Je veux qu'elle mette de tout cela ; le détail suit après, Chapitre troisieme.

### MARGARITA.

Chapitre troisieme. Des interdictions, comme encre, plumes, papiers, lectures. Ah ! Monsieur, il faudroit pourtant lui laisser un livre ou deux pour se récréer.

### M. TUE.

Vous avez raison, je lui chercherai dans ma Bibliothéque les Récréations mathématiques.

### MARGARITA.

Chapitre quatrieme. Des trois cens trente-trois manieres de donner une Lettre, & d'en rendre la réponse.

### M. TUE.

Ah ! c'est bon cela, faites-y attention : ensuite.

### MARGARITA.

Les soliloques d'une fille qui s'ennuye, avec le résultat.... Il y a quelque chose à la marge... » Sçachez, Docteur, que les inconséquences du » cœur vont plus droit au fait que les conséquen- » de l'esprit.

### M. TUE.

Ah ! passez, passez. C'est une mauvaise réflexion d'un jeune Docteur en Droit. Cela n'est-il pas rayé ?

### MARGARITA.

Oui.

# OPÉRA COMIQUE.

**M. TUE.**
Après.

**MARGARITA.**
Les mille & une phrases différentes qui ne demandent que la même chose.

**M. TUE.**
Comme il n'y aura que moi qui lui parlerai, ce Chapitre est inutile.

**MARGARITA.**
Les douze maximes sur les Entremetteurs, comme Maîtres de Musique, Maîtres de Danse, Tailleurs, Tailleuses, Coëffeuses, Brodeuses, Marchandes de modes, Ouvrieres en robe, Ouvrieres en linge, Ouvrieres en... &c.

**M. TUE.**
Cela a été mis sur des airs; dites-moi le premier mot.

**MARGARITA.**
Un Chanteur.

**M. TUE.**
Ah!

### ARIETTE.
*Air ;*

Un Chanteur n'est pas un Caton,
Il n'est pas d'emploi qui l'étonne;
Quand l'Ecoliere entend le ton,
Alors sa conduite détonne.

Pour obliger tout favori,
Toute Ouvriere ourdit la trame
Qui cache aux yeux l'Amant chéri;
Et la Coëffeuse de la femme
Ne sert qu'à coëffer le mari.

### MARGARITA.

Ah! Monsieur, Lise est si simple : à quoi tout cela sert-il?.... Lise est d'une simplicité....

### M. TUE.

Ne vous y fiez pas, il faut toujours supposer aux jeunes filles trois fois plus d'esprit qu'elles n'en montrent. Donnez-moi cela.

*( M. Tue prend & feuillette le Livre, en se servant des lunettes de Margarita.)*

### MARGARITA.

#### ARIETTE.

Me prenez-vous pour une buse?
Il n'est, Monsieur, aucune ruse,
   Dont fille sçache user,
   Qui puisse m'abuser.
   Je suis native de Raguse,
   Et j'arrive de Syracuse.

En vain fillette voudroit essayer
     D'employer
     Adresse,
     Finesse,
     Souplesse,
     Simplesse,
     Les pleurs,
     Les douleurs,
     Les humeurs,
     Les vapeurs,
Rien ne peut me toucher,
Je suis dure comme un rocher.
   Je suis native de Raguse,
   Et j'arrive de Syracuse.

## SCENE VI.

### M. TUE, MARGARITA, DORVAL.

DORVAL, *habillé en captif, une chaîne au bras, une longue barbe blanche, un manteau & une guitarre.*

Vieille abominable ! Écoutons.

#### M. TUE.

Je vous crois ; mais on ne sçauroit avoir trop de précautions : allez la chercher avant qu'il y ait plus de monde dans la rue. Qu'est-ce que vous faites là ? qu'est-ce que vous demandez ?

#### DORVAL.

Mon charitable Gentilhomme !

#### M. TUE.

Laissez-moi.

#### DORVAL.

Ma bonne Dame, ma vertueuse Princesse

#### M. TUE.

Vous lui... vous lui... Je ne sçais plus ce que je voulois dire. Diable soit de l'homme.

#### MARGARITA.

Laissez-nous donc en repos.

#### M. TUE.

Conduisez-la au petit Couvent, & vous la ramenerez si-tôt après.....

B

… ONNE S'AVISE JAMAIS DE TOUT,

## TRIO.

**M. TUE.**
Laissez-nous donc en liberté ;
Nous n'avons rien, en vérité.

**DORVAL.**
Pauvre petite charité ;
Un vieillard dans l'adversité ;
Je sors de la captivité,
Soulagez donc ma pauvreté :
Mon Gentilhomme, en vérité,
Je languis dans la pauvreté.

**MARGARITA.**
La liberté, la liberté.
Ah ! ciel, qu'on est persécuté !
En vérité, en vérité,
La liberté.

Enfin pour ne vous rien celer,
Êtes-vous là pour écouter ?

J'écoute ; vous pouvez parler.
Hé, pourquoi nous persécuter ?

Pauvre petite, &c.

**M. TUE.**

Donnez-lui donc quelque chose, & qu'il s'en aille.

**MARGARITA.**

Tenez, voilà deux liards.

**M. TUE.**

Il y en a un pour elle, & un pour moi.

**DORVAL.**

Que la rosée du ciel, & que la graisse de la terre....

**M. TUE.**

Eh ! laissez-nous. Ah ! le voilà parti enfin...
Enfin je ne sçais plus où j'en étois, cet homme m'a tout étourdi. Allez chercher Lise ; je vais à

OPÉRA COMIQUE. 19

cette consultation. ( *Il revient sur ses pas, & dit :* )
Je reviendrai.
### DORVAL.
Ah! noble Dame, vertueuse Princesse!
### MARGARITA.
Adieu, bon homme, adieu.

## SCENE VII.
### DORVAL *seul*.
#### ARIETTE.

JE vais te voir, charmante Lise,
Mes yeux vont rencontrer les tiens;
Craignons que leur vive surprise
    Ne nuise
A nos tendres liens.
Sous une feinte indifférence
Cachons, s'il se peut, nos ardeurs
Trop animés par l'espérance,
Gardons-nous de trahir nos cœurs.

Je vais te voir, charmante Lise,
Mes yeux vont rencontrer les tiens;
Craignons que leur vive surprise
    Ne nuise
A nos tendres liens.

( *Il exprime ici, en se retirant, tout le plaisir qu'il a à la voir.* )

B ij

## SCENE VIII.
LISE, MARGARITA, DORVAL.
### LISE.

AH! ma bonne! Ah! que c'est beau, les rues!
### MARGARITA.
Oui, cette rue-ci est belle.
### LISE.
J'y respire un air plus pur, plus frais, plus doux. Ah!...
### MARGARITA.
Quoi!
### LISE.
Ah! ma bonne! mes genoux tremblent sous moi.
### MARGARITA.
C'est le grand air.
### LISE.
Arrêtons ici un instant.
### MARGARITA.
Je le veux bien, il ne passe personne.
### LISE.
Ma bonne, pourquoi donc toute cette contrainte?
### MARGARITA.
Votre Tuteur a ses raisons.
### LISE.
Est-ce pour se faire aimer?
### MARGARITA.
Non; mais afin qu'on ne vous aime pas.
### LISE.
Ah! si on m'aimoit, si j'aimois, je ferois comme une Pensionnaire de mon Couvent.

## MARGARITA.
Comment faisoit-elle ?
## LISE.
Voilà ce qu'elle chantoit :

### ARIETTE.

Jusques dans la moindre chose
Je vois mon Amant empreint :
Quand j'éparpille une rose,
Dans chaque feuille il est peint.

Je le vois dans le nuage
Que l'air promene à son gré ;
Pour moi tout est son image,
Mon cœur en a soupiré.

Si je brode quelque ouvrage,
Dans le dessein nuancé,
Je vois ses traits, son visage,
Sur le canevas tracé.

Si je lis, à chaque page
Son nom me semble placé ;
Par l'écho du voisinage
Il est toujours prononcé.

Qu'un son frappe mon oreille,
J'écoute.. & dans tous mes sens,
Mon ame qui toujours veille,
Croit entendre ses accens.

Ces accens, ce ton si tendre,
Ce son de voix enchanteur,
Ces accens qui font entendre
Tout ce qui flatte mon cœur.

Jusques dans la moindre chose, &c.

#### MARGARITA.

Vous vous mocquez de moi ; on n'apprend point de pareilles choses dans les Couvens.

#### DORVAL.

Ma noble Dame !

#### MARGARITA.

Que voulez-vous ? je vous ai donné tantôt.

#### DORVAL.

Je le sçais, c'est vous qui avez honoré ma profonde misere des précieux trésors de votre bienfaisance.

#### MARGARITA.

Eh bien ! que demandez-vous ?

#### DORVAL.

Les ronces de la pauvreté n'ont pas étouffé en moi les respectables semences de l'honneur.

#### MARGARITA.

Cela peut être : après ?

#### DORVAL.

En tirant votre bourse, vous avez laissé tomber....

#### MARGARITA.

Moi ! je ne crois pas.

#### DORVAL.

Voilà ce que j'ai trouvé à cette même place.

#### MARGARITA.

C'est un louis-d'or : ah ! oui, c'est à moi.

#### LISE.

Ma bonne, vous devriez lui donner quelque chose.

#### MARGARITA.

Vous avez raison.

#### LISE.

Ma bonne,

MARGARITA.

Quoi ?

LISE.

Voulez-vous me permettre de parler à ce pauvre ?

MARGARITA.

Oui, il ne faut pas les méprifer. ( *Elle fouille dans fa poche.* )

LISE.

Pourquoi portez-vous cette chaîne autour de votre bras ?

DORVAL.

J'ai été captif à Maroc... Ah ! Life.

LISE.

Ah ! Dorval.

MARGARITA.

Tenez, Monfieur le Captif, voilà quatre fols que je vous donne, une piece de dix huit deniers, un petit fol, & cinq liards : cela fait bien quatre fols, car ces petits fols-là ont valu cinq liards.

DORVAL.

ARIETTE.

*Air :* Divin objet, femme féconde
En beautés,
O Source ! fource profonde
De clartés :
Que la richeffe orientale
Sur vos habits
Prodigue tout ce qu'elle étale
De rubis.

LISE.

Ah ! ma bonne, le beau fouhait,

MARGARITA.

Oui, il eſt beau.

#### DORVAL.

Quoi ! vous m'avez donné quatre fols, car ces petits fols-là ont valu cinq liards. Ah ! pour vous marquer ma reconnoiffance, je veux vous dire les chanfons fublimes du Mamamouchi fur le ftran de Cappadoce : ce qui a fondu fon cœur comme les neiges du mont Eman, & m'a fait éviter les plus horribles fupplices.

#### LISE.

Ah ! ma bonne, écoutons-le ; j'aime les pauvres, moi.

#### MARGARITA.

Serez-vous long-tems ?

#### DORVAL.

Non, Madame.

#### MARGARITA.

Je veux bien vous donner ce petit divertiffement.

#### LISE.

Je vous remercie.

#### MARGARITA.

Un louis de 24. liv. & puis 18 liv. font 42 liv. 42 liv. Dites toujours.

#### DORVAL, *d'un ton d'Opérateur.*

Je fus amené devant le Muphti & le Cady : le Muphti étoit là, & le Cady ici ; j'avois les pieds & les mains liées avec des cordes de fil-d'archal, montées fur des pointes de fer trempées dans de la ciguë ; imaginez ce que c'eft. Je demandai ma guitarre ; ce n'étoit pas celle-là, c'étoit une autre ; on me détacha les pieds, on me détacha les mains, je m'approchai du Muphti qui étoit ici, vous êtes le Muphti ; je m'inclinai, & je dis :

*Harseïnam robek milon semur:*
Ensuite du Cady qui étoit là:
*Harseïnam robek milon semur.*
### MARGARITA.
Bon homme, qu'est-ce que cela veut dire?
### DORVAL.
Que ma divinité ne cotoye que sa droite.  *bis.*
### LISE.
Ne cotoye que sa droite.
### DORVAL.
Oui, Madame: style Oriental fait pour nous. Je préludai.
### ARIETTE.

        Aladdin,
     Fils de Noraddin,
  Un jour entra dans son jardin,
*A Marg.*   Harseïnam robek milon semur,
*A Lise.*   En revenant, passez le long du mur,
*A Marg.*   Harseïnam robek milon semur.

O ma tant douce Colombelle!
Réponds, réponds à la voix qui t'appelle;
Sans toi, je ne sçais que gémir;
Sans toi, je n'ai plus qu'à mourir.
Soit que le soleil se leve,
Soit qu'il acheve son cours,
Mon cœur n'a ni paix, ni treve;
Hélas! hélas! il se plaint toujours.
        Aladdin,
     Fils de Noraddin,
Mangeoit des pommes sans pepin.

### MARGARITA.
Ah! voilà la cloche qui sonne; pourvû que ce ne soit pas le dernier coup. Adieu, bon homme, adieu. Il est honnête homme, quoique vieux.

## LISE.

Adieu ! adieu !

## MARGARITA.

Allez donc vîte à préfent.

---

## SCENE IX.

### DORVAL *feul*.

#### ARIETTE.

Amour, acheve ton ouvrage,
Ramene Life dans ces lieux ;
Sur mes efforts jette un nuage,
Qui les dérobe à tous les yeux :
Amour, acheve ton ouvrage.
  Quoi toujours,
  Quoi fans ceffe,
  Ma tendreffe
  Auroit fon cours ?
  Quoi ! fes charmes,
  Sans fans alarmes,
Seroient à moi pour toujours ?
Amour, acheve ton ouvrage, &c.

Ah ! je fuis perdu ! les voilà déja de retour.

---

## SCENE X.

### LISE, MARGARITA.

#### MARGARITA.

CE bon homme nous a amufées, nous arrivons trop tard ; je fuis d'une colere ! .. Auffi, c'eſt vous ; je fuis trop indulgente ; j'ai voulu vous donner un petit divertiffement.

## OPÉRA COMIQUE.

#### LISE.
Ma bonne, je vous en demande excuse. (*à part.*) Il n'y est plus !

#### MARGARITA.
Ah ! je vous menerai par un chemin.... Faut-il vous le dire mille fois, de cotoyer les maisons ? vous êtes toujours dans le milieu de la rue.

#### LISE.
Ma bonne ! (*à part.*) Où est-il ?

#### MARGARITA.
Pour qu'on prenne garde à vous, apparemment....

#### LISE.
Ma bonne. vous avez raison. (*à part.*) Ah ! je ne le vois pas.

#### MARGARITA.

##### ARIETTE.

Toute fille honnête
Doit baisser la tête,
Sans lever yeux ;
Un air férieux,
La marche posée,
Toujours disposée
A régler ses pas
Sur sa Gouvernante :
On ne marche pas
Comme une imprudente.
Mais, vous, vous... vous retournez,
Vous levez le nez,
Et vous regardez,
Et vous minaudez.
S'il passe un muguet,
L'oreille est au guet ;
Votre air inquiet
Fait qu'il vous regarde,
Et vous prenez garde

28 *ON NE S'AVISE JAMAIS DE TOUT,*

S'il en prend souci :
Et vous marchez ainsi.
Toute fille honnête, &c.

### LISE.

#### Ariette.

Ah ! ma bonne ;
Que votre bonté me pardonne :

Vous obéir,
Est mon desir,
Est mon plaisir.
Mais, mais, oh ciel ! je ne le vois pas :
Que faire ? hélas ! hélas !

Oui, ma bonne, &c.

### MARGARITA.

Voilà bien des raisons ; allons, marchez. Ne voilà-t-il pas encore que vous courez ? Allez le long des maisons : arrêtez donc.

---

## SCENE XI.

**MARGARITA, LISE, DORVAL,** *en vieille.*

DORVAL *jette par la fenêtre une boëte de poudre sur Lise, & après l'avoir jettée, il dit :*

Gare, gare, gare donc.

### MARGARITA.

Ah ! Dieux !

### LISE,

Ah ! ma bonne !

## MARGARITA.

C'est de cette fenêtre-là, c'est de cette fenêtre ; elle est encore ouverte.

## LISE.

Oui, ma bonne, c'est de cette fenêtre ; je crois voir quelqu'un.

## MARGARITA.

Ah ! comme vous voilà faite !

## LISE.

Comme me voilà !

## MARGARITA.

Vîte, vîte, un Commissaire.

## LISE.

Ah ! ma bonne, où vais-je me mettre ? frappons à la porte.

## MARGARITA.

On l'ouvre.

## DORVAL.

Ah ! grands Dieux ! ah ! grands Dieux ! Madame, je me jette à vos genoux.

## MARGARITA.

Je vais vous faire de belles affaires.

## DORVAL.

Ma bonne Dame ! ma chere Demoiselle ! (*bis.*) je suis au désespoir !

## MARGARITA.

Comment ! ne pas dire gare ?

## DORVAL.

J'ai tort ; pardonnez-moi ; je me jette à vos pieds.

### LISE.

Pardonnez-lui ; elle me fait pitié ; levez-vous, ma bonne.

DORVAL *se leve en baisant la main de Lise.*

Il n'y a qu'à essuyer.

### MARGARITA.

Vous étalez encore davantage.

### DORVAL.

Mesdames, entrez chez moi, je payerai tout ; prétez-moi les clefs de chez vous.

### MARGARITA.

Pourquoi faire mes clefs ?

### DORVAL.

Oui, vos clefs.

### MARGARITA.

Mes clefs ?

### DORVAL.

Oui, vos clefs.

### LISE.

Ma bonne, donnez-lui vos clefs.

### MARGARITA.

Non ; venez, courons.

### DORVAL.

Tout le monde dans le marché criera après elle.

### LISE.

Tout le monde criera après moi !

### MARGARITA.

Tout le monde crieroit après elle ; je sçavois bien qu'il nous arriveroit quelque malheur.

### DORVAL.

Entrez toutes les deux chez moi ; je demeure

toute seule, oui, toute seule, & vous me donnerez vos clefs.

LISE.

Vos clefs.

MARGARITA.

Vous ne sçavez seulement pas où je demeure.

DORVAL.

Vous êtes cette vertueuse Dame qui demeure par-delà le marché chez cet honnête Médecin.

MARGARITA.

Vous le connoissez donc ?

DORVAL.

Il ma sauvé trois fois la vie.

MARGmRITA.

Mais, ne pas dire gare !

DORVAL.

Eh ! vous avez raison : entrez chez moi ; vos clefs.

MARGARITA.

Non, j'y cours.

DORVAL.

Que vous êtes bonne !

MARGARITA.

Restez-là vous, baissez votre voile ; & vous bonne femme, ne la quittez pas.

DORVAL.

Ah ! de ma vie.

MARGARITA.

Gardez-la bien.

DORVAL.

Comme la prunelle de mes yeux.

MARGARITA.

Ne la laissez p rler à personne.

## DORVAL.
Ni parler à quelqu'un.
## LISE.
Allez donc, ma bonne; vous feriez déjà revenue.
## DORVAL.
Ah! Life.

*( Ils baissent la tête.)*
## LISE.
Dorval.
## MARGARITA.
S'il vient quelqu'un autour de vous, faites-le entrer. Non, restez; mais, ne pas dire gare!
## DORVAL.
Ah! vous avez raison. Votre bonne est le panthéon des graces & le parangon des vertus.

---

# SCENE XII.
## DORVAL, LISE.
## DORVAL.
Quittons, Life, quittons ces lieux;
Usons des instans précieux
Que la fortune enfin nous laisse.
## LISE.
Non, Dorval, restons dans ces lieux,
Ces instans sont trop précieux;
Je vois trop toute ma foiblesse.
## DORVAL.
Quoi! vous hésiteriez!
Quoi! vous résisteriez!

LISE.

### LISE.

Oui, Dorval, je dois héfiter :
Oui, Dorval, je dois réfifter.

### DORVAL.

Sçavez-vous que rien ne répare
Ce moment-ci ? s'il nous fépare,
Il nous fépare pour jamais.

### LISE.

Je le fçais que rien ne répare
Ce moment-ci, s'il nous fépare :
Mais qu'il prépare de regrets !

### DORVAL.

Des regrets, des regrets ? quand
L'hymen dès demain vous donne
Ma main.

### LISE.

Ah ! fi je croyois que l'hymen
Dès demain donnât ma main !

### DORVAL.

Votre bonheur doit faire ma gloire,
C'eft lui qui doit ferrer nos nœuds.
Que je ferois vil à mes yeux,
Si j'abufois de la victoire.
Que promet cet inftant heureux !

Votre bonheur, &c.

## DUO.

| LISE. | DORVAL. |
|---|---|
| Oui, Dorval, je me fie à vous; | |
| C'est à l'hymen que je me livre, | |
| Je vais suivre | Tu vas suivre |
| Mon époux. | Ton époux. |
| Mon époux doit-il me surprendre? | Ton époux peut-il te surprendre? |
| Doit-il apprendre | Peut-il apprendre |
| à mon cœur | A ton cœur |
| A perdre l'honneur? | A perdre l'honneur? |

---

## SCENE XIII.

### LISE, DORVAL, M. TUE.

#### DORVAL.

QU'apperçois-je? voilà le Tuteur. Allons, Mademoiselle, marchez devant moi : jour de ma vie. je vous apprendrai à sortir sans permission ; si je vous quitte d'un instant à présent....

#### M. TUE.

C'est bien, c'est bien; voilà comme il faut les mener; elle m'a l'air d'une maîtresse femme; elle aura laissé un instant la porte ouverte; la petite personne étoit déjà dans la rue. Voilà bien les filles.

## SCENE XIV.
### M. TUE, *seul*.
#### ARIETTE.

Une fille est un oiseau
Qui semble aimer l'esclavage,
Et ne chérir que la cage
Qui lui servit de berceau.
Sa gaieté, son badinage,
Ses caresses, son ramage,
Font croire que tout l'engage
Dans un séjour plein d'attraits;
Mais ouvrez-lui la fenêtre,
Zeste, on la voit disparoître
Pour ne revenir jamais.
A mon âge on n'est pas dupe :
Le sexe qui porte jupe
Ne sçauroit nous abuser :
C'est en vain qu'il veut ruser
Contre une tête un peu sage :
Nous sçavons trop qu'à cet âge,
Une fille, &c.

## SCENE XV.
### MARGARITA, M. TUE.
#### MARGARITA.

Ah! Monsieur, vous voilà? je suis essoufflée.
#### M. TUE.
D'où venez-vous? où allez-vous? Que fait Lise?

## MARGARITA.

Ah! Monsieur, il nous est arrivé; je vais vous compter....

## M. TUE.

Qu'est-ce que vous avez-là?

## MARGARITA.

Des hardes.

## M. TUE.

Pour qui?

## MARGARITA.

Pour Lise.

## M. TUE.

Pour Lise? Où est-elle? où est-elle?

## MARGARITA.

Dans cette maison.

## M. TUE.

Dans cette maison? dans cette maison?

## MARGARITA.

On nous a jetté....

## M. TUE.

Comment? ah! coquine, je vais t'assommer.

## MARGARITA.

Mais, Monsieur, il n'y a qu'à frapper à la porte.

## M. TUE.

Frappe donc, frappe donc; mais voyez cette misérable.

## DUO.

**MARGARITA.**
Ouvrez, s'il vous plaît,
　　ouvrez donc,
　Madame, la porte:
C'est moi qui vous porte
Robe & jupon.
　Monsieur, hélas!
Non, ce n'est pas:
　Oui: croyez-moi,
　En bonne foi.

Ouvrez, &c.

**M. TUE.**
Ouvrez, ouvrez donc.
　Au guet: au feu.
　Morbleu!
Frappons, frappons.
Maudite sorcière,
A coups d'étrivière,
Je veux te payer:
Oui, dans la riviere,
De mes mains je veux te
　　noyer.

( *Ici il paroît une Revendeuse & un Porte-faix qui crient au feu.* )

---

## SCENE XVI.
### MARGARITA, M. TUE.
**LE COMMISSAIRE** *suivi d'un Clerc & d'un Recors.*

#### M. TUE.

AH! voilà le Commissaire. Ah! Monsieur, le Commissaire.

#### LE COMMISSAIRE.

Hé bien! de quoi s'agit-il?

#### MARGARITA.

Ah! Monsieur.

##### M. TUE.

C'est affreux ! c'est abominable ! un meurtre, un vol, un rapt.

##### LE COMMISSAIRE.

Cela paroît sérieux.

##### MARGARITA.

Cela crie vengeance.

##### M. TUE.

A l'instant, Monsieur le Commissaire.

##### MARGARITA.

Oui, Monsieur le Commissaire.

##### M. TUE.

Ma pupille, une jeune personne....

##### MARGARITA.

Je passois avec elle.

##### M. TUE.

On l'a enlevée.

##### MARGARITA.

Une corbeille d'ordures.

##### M. TUE.

Un scélérat, sans doute.

##### MARGARITA.

A été jettée sur elle.

##### M. TUE.

Dans cette maison.

##### MARGARITA.

Elle en est toute abymée.

##### LE COMMISSAIRE.

Quoi ! cette corbeille ?

##### M. TUE.

Elle n'a que seize ans.

##### MARGARITA.

La vieille qui est venue en pleurant.

## OPÉRA COMIQUE.

**LE COMMISSAIRE.**

Je n'entends rien à tout ce que vous dites. Remettez-vous, remettez-vous.

**M. TUE.**

Eh! je n'ai pas le tems de me remettre. Pendant ce tems-là, Monsieur le Commissaire, pendant ce tems-là.... Ah! Monsieur.... Ah! maudite coquine.... Envoyez toujours chercher le guet & trois escouades.

**LE COMMISSAIRE.**

Va vite chercher la Garde.

**M. TUE.**

Il n'y a plus ni mœurs, ni loix, ni police : tout est bouleversé dans le Royaume, si on ne met pas le feu à la maison.

**MARGARITA.**

Voilà les hardes, Monsieur le Commissaire.

**LE COMMISSAIRE.**

Les hardes volées?

**M. TUE.**

Te tairas-tu... vieille... vieille Syracuse? Vous me connoissez, Monsieur ; j'ai l'honneur d'être connu de vous.

**LE COMMISSAIRE.**

Oui, vous êtes Monsieur Tue, Docteur en Médecine.

**M. TUE.**

Je suis Tuteur de Lise, fille de Pimbroch, ce fameux Négociant.

**LE COMMISSAIRE.**

Je le sçais.

#### M. TUE.

Ah! vous le sçavez; je vous dis donc la vérité : elle a cinquante mille écus de bon bien.

#### MARGARITA.

Je vous assure, Monsieur Tue, que je l'ai gardée, comme il faut mourir un jour.

#### M. TUE.

Tais-toi, tais-toi; sans le respect, sans la présence....

#### LE COMMISSAIRE.

Taisez-vous, ma bonne.

#### M. TUE.

On l'a enlevée; elle est dans cette maison. Dis donc, dis donc, dans cette maison? Elle ne parlera pas à présent.

#### MARGARITA.

Oui, dans celle-là.

#### LE COMMISSAIRE.

Ah! voilà la Garde.

*(La Garde arrive.)*

#### M. TUE.

Arrêtez-moi d'abord cette coquine; il faut qu'elle soit pendue,.... la porte.... tu seras pendue, coquine.... Enfoncez, enfoncez.

#### LE COMMISSAIRE.

Doucement, doucement; frappons. Ouvrez de la part du Roi.

#### M. TUE.

Eh! ne croyez-vous pas qu'ils songent à nous ouvrir? Enfoncez, morbleu! enfoncez.

#### LE COMMISSAIRE.

Non, il faudroit un Référé devant le Magistrat.

## OPÉRA COMIQUE.

**M. TUE.**

Un Référé ! un Référé ! pendant qu'on m'assassine. Je prends tout sur moi.

**LE COMMISSAIRE.**

Jettez la porte en dedans.

---

# SCENE XVII.

### LES ACTEURS PRÉCÉDENS.

DORVAL, *sort l'épée à la main ; la Garde recule, comme de raison.*

Morbleu ! vous n'entrerez qu'après m'avoir ôté la vie.

**M. TUE.**

Tuez, tuez.

**MARGARITA.**

Ah ! un homme ?

**LE COMMISSAIRE.**

Quoi ! c'est Monsieur Dorval ?

**DORVAL.**

Oui, c'est moi, Ah ! c'est vous, Monsieur ?

**LE COMMISSAIRE.**

Ne craignez nulle violence ; approchez, expliquez-vous.

**M. TUE.**

Vous le connoissez : c'est un scélérat.

**DORVAL.**

C'est sur votre parole... ( *Comme la Garde fait un mouvement, il se remet en garde.* ) N'avancez pas, morbleu ! ou je...

LE COMMISSAIRE, *à la Garde.*

Retirez-vous, vous autres.

M. TUE.

Quoi ! vous renvoyez la Garde ?

LE COMMISSAIRE.

Il n'en est pas besoin.

M. TUE.

Je vais, moi....

DORVAL.

Si vous avancez...

M. TUE.

Je reste, je reste.

LE COMMISSAIRE.

Que veut dire ceci, Monsieur ?

DORVAL.

La pupille de Monsieur est dans cette maison ; nous nous aimons, & rien que la mort ne peut nous séparer.

M. TUE.

Je n'entends pas ça. Maudite femme !

MARGARITA.

Hé ! mais, Monsieur....

LE COMMISSAIRE.

Il me paroît, Monsieur Dorval, que vous vous y êtes mal pris. Si vous vous étiez nommé, Monsieur a trop de raison pour ne pas consentir à un mariage avantageux... Amenez la pupille, je vous donne ma parole d'honneur qu'il ne lui sera fait nulle espece de violence.

DORVAL.

Si vous me trompiez !

LE COMMISSAIRE,

Ne le craignez pas.

## SCENE XVIII.
### M. TUE, MARGARITA, LE COMMISSAIRE.

#### M. TUE.
Qu'il me la rende telle qu'elle est.
#### LE COMMISSAIRE.
Je ne doute pas, Monsieur, que vous ne consentiez à ce mariage. Dorval est riche de famille, & a la plus belle espérance; vous avez connu son pere.
#### M. TUE.
C'est vrai; mais qu'est-ce que cela me fait?
#### LE COMMISSAIRE.
Avez-vous quelque raison?
#### M. TUE.
Mille.
#### LE COMMISSAIRE.
Dites-m'en une.
#### M. TUE.
Je ne veux pas.
#### LE COMMISSAIRE.
Vous ne voudriez, peut-être pas, épouser cette jeune personne?
#### MARGARITA.
Je vous assure que je ne lui ai pas dit.
#### M. TUE.
Tais-toi, bavarde, tais-toi.
#### LE COMMISSAIRE.
Vous seriez la fable de la ville.
#### M. TUE.
Qu'importe?

# ON NE S'AVISE JAMAIS DE TOUT,

## SCENE IX. ET DERNIERE.

### LES CINQ PERSONNAGES.

### LE COMMISSAIRE.

Les voici. Venez, Mademoiselle : Monsieur votre Tuteur est le plus raisonnable des hommes. Il consent à vous unir.

### QUINQUE.

**DORVAL.**
La voilà, mais
Ne me trompez pas ;
Quoi ! vous ne vou-
lez pas ?
Je me moque de votre
aveu.
Monsieur !
Je veux vous faire
Voir beau jeu.
Levez-vous,
Levez-vous.

**LISE.**
Mon cher Tuteur,
Mon Protecteur !
Je suis à vos genoux :
Ah ! qu'il soit
Mon époux.

**M. TUE.**
Ah ! ah ! je vous tiens
là :
Ah ! vous voilà ?
Je ne veux pas ;
C'est inutile ;
Un mot en vaut mille,
Je ne veux pas,
Je ne veux pas.

**LE COMMISSAIRE.**
Messieurs,
De la douceur ;
En conscience,
Vous ne pouvez
Vous refuser
A l'alliance
Qu'on vient
De proposer,
Ah ! M. Tue,
Que cette vue.

**MARGARITA.**
Quoi ! vous hésiteriez ?
Vous douteriez ,
Vous refuseriez,
Leur amitié ?
Et quoique barbon ,
Vous dites non ?
Vous perdez donc le
sens ?
Sens ?
Null ressentiment
Pour le moment ;
Je les unirois ,
Je les marierois.

## OPÉRA COMIQUE.

DORVAL, *prend Lise par le bras.*

Ah ! c'en est trop : rentrons.

M. TUE, *par l'autre bras.*

Non, non.

LE COMMISSAIRE.

Messieurs, point de violence. Monsieur Tue, je vous conseille d'y consentir de bonne grace, ou je vais à l'instant m'y prendre de façon à l'ôter de vos mains.

M. TUE.

De mes mains ! de mes mains ! moi, son Tuteur ?

LE COMMISSAIRE.

Apprenez que nos Magistrats sont avant vous les Tuteurs nés des orphelins.

M. TUE.

Je le sçais.

LE COMMISSAIRE.

Et songez que votre conduite va vous deshonorer.

MARGARITA.

Sans doute, sans doute, va vous deshonorer.

M. TUE.

Ah ! maudite coquine : j'enrage. ( *à part.* ) Faut-il que j'y consente : Je suis sur les épines, cela va s'ébruiter. Ah ! je n'en reviens pas.

LE COMMISSAIRE.

Monsieur, décidez-vous.

DORVAL.

Voyez à l'instant : ou je vous assure....

LISE.

Mon cher Tuteur.

MARGARITA.

Allons, il y consent : il est trop heureux.

#### M. TUE.
Je le veux bien, mais je veux étrangler cette coquine.
#### MARGARITA.
N'y venez pas, ou je vous arrache les yeux.
#### M. TUE.
Ah! si je n'avois pas été trahi!
#### DORVAL.
Non, vous ne l'avez pas été. Reconnoissez en moi ce Captif qui vous....
#### M. TUE.
Quoi! ce....
#### DORVAL.
Oui.
#### MARGARITA, *en rendant le Recueil.*

### VAUDEVILLE.

Vous, qui croyez que des tendres esclandres,
Un Régistre peut être l'écueil,
Ah! croyez-moi, brûlons notre Recueil,
Et faisons-en, faisons-en des cendres.
    Contre un sexe enchanteur
      Et flatteur,
    Dont les charmes,
    Dont les armes
    Sont sûres de leurs coups.
    Vainement on subtilise:
      On ne s'avise
      Jamais de tout.

#### LE COMMISSAIRE.
Je suis certain que dans notre jeune âge,
Des barbons furent dupés par nous:

Notre tour viendra ; laiſſons , en filant doux ,
Imiter nos premiers tours de page.
   Contre un âge trop vif ,
    Trop actif ,
   Dont les charmes, &c.

### M. TUE.

Je ne ſçais rien de ſi ſot ; de ſi bête,
Que confier ſon honneur à quelqu'un.
Avois-je alors un grain de ſens commun ?
J'avois ſans doute perdu la tête.
   Oui, moi ſeul je ſçaurois,
    Je pourrois,
    Par adreſſe,
    Par fineſſe,
   Vous pouſſer à bout.
    C'eſt ſottiſe :
    Ah ! qu'on s'aviſe
    Fort bien de tout.

### LISE.

Du Dieu d'Amour je bravois les atteintes,
Je redoutois de prononcer ſon nom.
Je diſois, oui ; mais l'Amour diſoit, non ;
Je vois Dorval, adieu toutes mes craintes.
   Contre un Amant flatteur,
    Enchanteur,
   Dont les charmes, &c.

### DORVAL.

Liſe, mon cœur a peu d'expérience :
Mais apprends ce que dicte mon cœur ;
C'eſt mon amour qui fera ton bonheur.
C'eſt le tien qui fait ma confiance.

En faisant ton bonheur,
Mon bonheur
Peut-il craindre,
Et se plaindre?
Un lien si doux
Doit bannir toute surprise.
Ah! je m'avise
Fort bien de tout.

## LE COMMISSAIRE.

De tout Auteur l'intention est bonne,
Il ne veut qu'enchanter le public :
Que l'enchanter, Messieurs, c'est là le hic.
Il faut que toujours on lui pardonne,
Ou le plan mal conçu,
Mal tissu,
Ou l'intrigue
Qui fatigue
Le style ou le goût :
Vainement l'Auteur s'épuise,
Il ne s'avise
Jamais de tout.

## F I N.

Lu & approuvé. A Paris ce 2. Septembre 1761.
CREBILLON.

Permis d'imprimer. A Paris ce 5. Septembre 1761.
DE SARTINE.

Regiſtré à la Chambre Royale & Syndicale, N°. 15012.
A Paris ce 11. Septembre 1761. SAUGRAIN, Syndic.

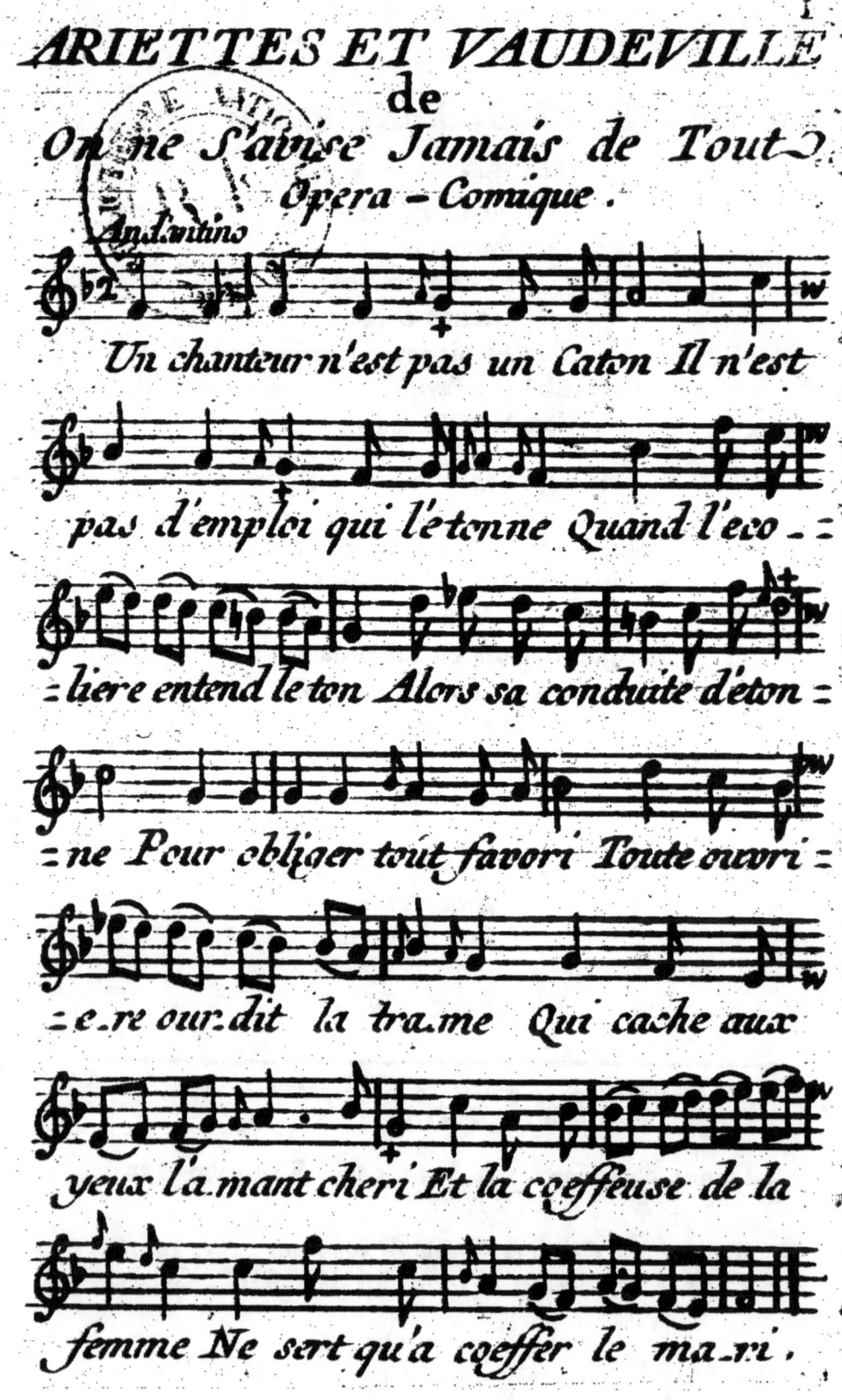

# AIRS
## DETACHÉS
### de
## ON NE S'AVISE JAMAIS
## DE TOUT,
### Opera Bouffon,
### En un Acte ;
### Representé
### Sur le Théâtre de l'Opera Comique.
### Prix 24 f.

### A PARIS
### Chez Duchesne, Libraire rue S.t Jacques,
### au Temple du Goût.
### Avec Approbation et Privilege du Roy.

www.ingramcontent.com/pod-product-compliance
Lightning Source LLC
LaVergne TN
LVHW022203080426
835511LV00008B/1539